Este libro pertenece a

_____

Cuentos clásicos

Leer, jugar y aprender

Cuentos clásicos

Leer, jugar y aprender

Caperucita Roja
La Bella Durmiente
Cenicienta
Blancanieves
La Sirenita

pirueta

Primera edición: octubre de 2007

© 2004 Editorial Sol 90, S.L. Barcelona
© De esta edición 2007, Libros del Atril, S.L.
   Avda. Marquès de l'Argentera, 17 pral. 3ª
   08003 Barcelona
   www.piruetaeditorial.com

Impreso por EGEDSA
Rois de Corella, 12-16, nave 1
08205 Sabadell (Barcelona)

ISBN: 978-84-96939-00-4
Depósito legal: B. 38.768-2007

Idea y concepción de la obra: **Editorial Sol 90, S.L.**
Coordinación editorial: **Emilio López**
Adaptación literaria: **Emilio López y Alberto Szpunberg**
Diseño: **Jennifer Waddell**
Actividades didácticas: **Rosa Salvía**
Diagramación: **Teresa Roca**

Caperucita Roja

Basado en el cuento de
Charles Perrault

Ilustrado por Alejandra Viacava

En tiempos de Maricastaña vivía una mujer que cosía unos vestidos preciosos.

El día en que su hija cumplió ocho años, aquella excelente costurera le regaló una capa roja la mar de elegante.

–¡Qué capa más bonita! –exclamó la niña emocionada–. Muchas gracias, mamá. Te prometo que siempre la llevaré puesta.

Y así fue. Todos los días, la niña salía vestida con su flamante capa roja.

Al verla pasar tan orgullosa y elegante por las calles del pueblo, sus vecinos exclamaban admirados:

–Fijaos, por allí va Caperucita Roja.

Un día, la madre de Caperucita Roja pidió a la niña que llevase a su abuela enferma una cesta de pastelitos de crema.

–Pero ten mucho cuidado, hija –le advirtió la madre–. En el bosque vive un lobo feroz y muy charlatán. Por nada del mundo te detengas a hablar con él; recuerda que la abuela te estará esperando.

–No te preocupes, mamá –contestó Caperucita–. Atravesaré el bosque muy deprisa. Y, si por casualidad me encontrara con ese lobo latazo, te prometo que no cruzaré ni una palabra con él.

A la mañana siguiente, Caperucita se levantó muy temprano. Se puso su capa roja, cogió la cesta con los pastelitos, se despidió de su madre y se marchó a casa de la abuelita enferma.

¡Qué hermoso estaba el bosque en primavera!

Caperucita adoraba el aroma de las flores y de la hierba verde y fresca. Miraba divertida a las ardillas, que saltaban de rama en rama, a los pájaros y a las mariposas que revoloteaban alegres sobre las flores...

Tan distraída estaba Caperucita que no advirtió la presencia del lobo, que hacía largo rato que la espiaba oculto tras un árbol.

Caperucita Roja se llevó un susto de
campeonato cuando vio salir al lobo de su
escondite y plantarse delante de ella.

–No temas, niña –le dijo el lobo feroz–.
Prometo que no te haré ningún daño. Lo
único que quiero es charlar un rato contigo.

–¡Ni hablar! –le contestó Caperucita,
mientras se disponía a continuar su camino.

–¡Por favor, espera! –le rogó el lobo–. ¡Dime al menos a quién llevas esa cesta de pastelillos!

"Qué lobo más pesado", pensó la niña.

Y deseosa de que la dejara en paz de una vez, Caperucita Roja le respondió:

–Los pasteles son para mi abuela, que vive al otro lado del bosque. Y ahora apártate de mi camino, lobo pesado. Debo llegar a casa de mi abuelita antes de que anochezca.

"Hum... La casa de la abuela no está muy lejos de aquí. Si me doy prisa, llegaré antes que Caperucita", pensó el lobo mientras veía alejarse a la niña por el sendero del bosque.

Y sin dudarlo un instante, el astuto animal tomó un atajo y echó a correr hacia la casa de la abuela de Caperucita.

En ésas estaba el lobo, cuando Caperucita Roja llegó a un claro del bosque que estaba repleto de margaritas, y daba la casualidad de que eran sus flores preferidas.

"Desde luego, estas flores son preciosas –pensó la niña–. Voy a hacer un gran ramo y se lo llevaré a la abuelita con los pastelillos".

Entonces, Caperucita recordó que no debía entretenerse, pues su abuela la estaba esperando.

Pero la niña se dijo: "Qué mal hay en hacer un ramo de flores para la abuelita. Además, no me llevará mucho tiempo".

Y haciendo caso de sus pensamientos, Caperucita empezó a hacer el ramo.

Entre tanto, el lobo feroz llegó presuroso a casa de la abuela y llamó suavemente a la puerta.

–Toc, toc, toc.

Al oír los golpes, la anciana, que hacía un buen rato que esperaba a su nieta, dijo:

–Pasa, querida, la puerta está abierta.

El lobo entró, pero se extrañó mucho al ver que la abuelita no salía a recibirlo; pues incluso los lobos feroces saben que es una muestra de buena educación recibir a las visitas en el salón principal de las casas.

–Querida, estoy en mi habitación guardando cama. Disculpa que no salga, pero es que tengo un catarro terrible –dijo la abuelita con una voz muy ronca.

–¡¡¡Ahhh!!! –gritó la abuelita cuando vio aparecer por la puerta al lobo. ¡Tenía la boca abierta y unas garras que parecían cuchillos afilados!

La pobre abuelita, muy asustada, intentó escapar; pero, antes de que pudiera salir de la cama, el astuto animal se abalanzó sobre ella y, de un gran bocado, la engulló en un abrir y cerrar de ojos.

El lobo aún se relamía el hocico, cuando se puso el gorro y las gafas de la abuela y se metió en la cama a esperar a que llegara Caperucita.

–¡Ja, ja, ja! ¡Qué gran idea he tenido! –aulló el lobo satisfecho–. Cuando llegue Caperucita, también me la comeré. ¡Menudo banquete!

En efecto, Caperucita Roja no tardó en llegar. Venía muy contenta, con su ramo de margaritas y la cesta de pastelillos.

Pero la sonrisa de la niña se borró de golpe apenas entró en la habitación.

¡La abuela tenía un aspecto realmente horroroso!

La niña, muy extrañada, se acercó entonces a la cama y le dijo:

–Abuelita, ¡qué ojos más grandes tienes!

–Son para verte mejor, querida –le respondió el lobo imitando la voz de la abuela.

–Abuelita, abuelita, ¡qué orejas más grandes tienes! –siguió Caperucita.

–Son para oírte mejor –continuó el lobo.

–Abuelita, abuelita, ¡qué nariz más
grande tienes!

–Es para olerte mejor, querida
–respondió astutamente el lobo.

–¿Y esos dientes?, abuelita, ¿por qué
tienes esos dientes tan grandes
y afilados?

–Son... para ¡comerte mejooor!

Y antes de que Caperucita pudiera
pedir auxilio, el lobo saltó sobre la
niña y se la tragó en un santiamén.

Después de comerse a Caperucita, el lobo se quedó dormido en la cama de la abuela. Fue cerrar los ojos, y comenzó a dar unos ronquidos tan fuertes que parecían truenos de una tormenta.

Pero la casualidad quiso que pasara por allí un cazador que, alarmado por aquel estruendo, entró en la casa de la abuela.

"Algo terrible debe de haber sucedido", pensó el cazador cuando entró en la habitación de la abuela y vio al lobo feroz con la barriga hinchada y durmiendo a pierna suelta.

–¡Eh, lobo! ¡Vamos, despierta, levántate! –le gritó el cazador muy enfadado.

¡Menuda sorpresa se llevó el animal cuando vio al cazador apuntándole con su escopeta!

–¿Dónde está la abuelita? ¿Qué has hecho con ella, condenado glotón? –le preguntó el cazador.

El lobo temía que el cazador disparase si no respondía a sus preguntas. Y, con voz temblorosa, se arrodilló ante él y confesó toda la verdad.

–Me he comido a la abuelita. Y también a Caperucita, su nieta... Pero, por favor, señor cazador, no me haga daño –suplicó el lobo.

–¡Debería darte vergüenza! –le gritó el cazador–. ¿De verdad crees que está bien ir comiéndose por ahí a la gente...?

Y antes de que el lobo pudiera responder, el hombre sacó de su zurrón una pócima mágica, hecha con flores silvestres del bosque, que tenía el don de salvar a todas aquellas personas que eran devoradas por los lobos feroces.

–¡Abre la boca! Bébete esto si no quieres que te corte las orejas ahora mismo.

El lobo, asustadísimo, dio un trago a aquel mejunje, y cuál fue su sorpresa cuando de su barriga comenzaron a oírse unas voces que decían:

–¡Socorro, socorro, que alguien nos saque de aquí, por favor!

¡Eran Caperucita y su abuelita, que estaban dentro de la barriga del lobo!

En segundos, ante la sorpresa del lobo, la pócima hizo su efecto y... ¡Zas!

¡Caperucita y la abuelita salieron de la barriga del feroz animal!

–¡Estamos salvadas, estamos salvadas! –gritaban muy contentas la abuela y Caperucita, mientras, cogidas de las manos, bailaban y cantaban con el valiente cazador.

Mientras, el lobo, tendido en el suelo y con la cabeza dándole vueltas, no entendía nada de lo que había sucedido.

Cuando el lobo se recuperó, el cazador lo cogió de una oreja y le dijo:

–Escúchame bien, lobo malo. No vuelvas a molestar a nadie de este bosque. De lo contrario, tendrás que vértelas conmigo. Y ya sabes lo que soy capaz de hacer con los lobos que andan por ahí comiéndose a las abuelas y a las niñas. ¿Lo has entendido bien? Y ahora márchate de esta casa. ¡Vamos, fuera de aquí!

El lobo, que las había pasado canutas con aquel cazador, salió disparado de la casa y se internó en el bosque. Nunca se le volvió a ver por allí.

Para celebrarlo, la abuela invitó a comer pastelitos a su nieta y al valiente cazador.

Y después de dar buena cuenta de aquella deliciosa merienda, Caperucita Roja se despidió de su abuelita y del cazador y regresó a su casa.

–¡Qué bien que estés aquí, hija! –exclamó la mamá al ver a Caperucita–. ¿Qué tal se encuentra la abuelita?

Y disimulando una pícara sonrisa, Caperucita Roja respondió:

–Mucho mejor, mamá, mucho mejor.

fin

Actividades

Cada **oveja** con su **pareja**

| Cazador | Pastelero | Florista | Fotógrafo |

¿Quién lo ha dicho?

Relaciona el personaje con la frase que ha pronunciado. Para ello, escribe en el círculo en blanco el número que corresponda.

1. ¡Eh, lobo! ¡Vamos, despierta, levántate!

2. No temas niña, prometo que no te haré ningún daño.

3. Pasa, querida, la puerta está abierta.

4. ¡Qué capa más bonita!

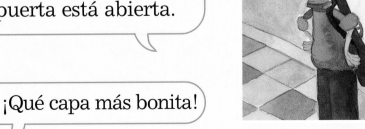

¿Recuerdas?

Lee atentamente estas preguntas relacionadas con el cuento y marca con una cruz la respuesta válida.

(1) ¿Qué lleva Caperucita en la cesta para su abuelita?

☐ Una tortilla de patata.

☐ Un ramo de margaritas.

☐ Unos pastelitos de crema.

(2) De camino a casa de la abuela, Caperucita...

☐ Se detiene para hacer un ramo de margaritas.

☐ Recolecta frutos del bosque y los guarda en la cesta.

☐ Recoge piedrecitas en un río.

(3) ¿Quién encuentra al lobo durmiendo en casa de la abuela?

☐ Un campesino del lugar.

☐ Un cazador que pasaba por allí.

☐ La madre de Caperucita.

Ordena la historia

Como ya conoces la historia de Caperucita Roja, te será fácil enumerar las ilustraciones por el orden en que aparecen en el cuento.

¿Sabías qué...?
La expresión "meterse en la boca del lobo" significa "exponerse a un grave peligro". Eso es lo que le sucedió a Caperucita Roja... ¡precisamente con un lobo!

¡Vaya desorden!

Reconstruye las siguientes palabras que aparecen en el cuento, ordenando correctamente sus letras.

| a | p | c | a | = _____ |

| t | s | e | a | c | = _____ |

| l | o | f | r | s | e | = _____ |

| o | o | b | l | = _____ |

¿Sabías qué..?
La mayoría de las razas de perros descienden del lobo. Por eso, ambas especies animales son tan parecidas tanto en su comportamiento como en su aspecto físico.

Palabras cruzadas

Escribe en las casillas correspondientes los nombres de los siguientes animales y objetos.

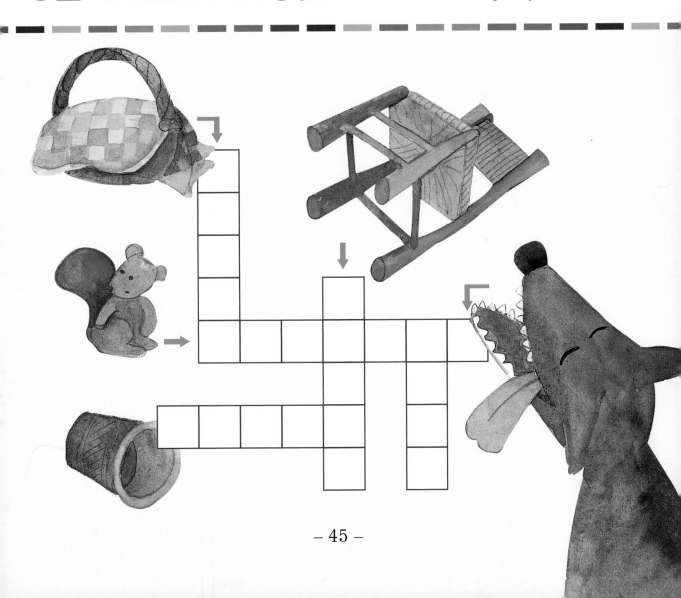

Completa

–¡Eh, _____ ! ¡Vamos, despierta, levántate! –le gritó el _____ muy enfadado.

–¡Menuda _____ se llevó el animal cuando vio al cazador apuntándole con su _____ !

–¿Dónde está la _____ ? ¿Qué has hecho con ella, condenado glotón? –le preguntó el cazador.

abuelita

escopeta

lobo

cazador

sorpresa

La Bella Durmiente

Basado en el cuento de
Charles Perrault

Ilustrado por Sergio Kern

En un país lejano nació una linda princesita. Para el feliz acontecimiento, los reyes organizaron en su castillo una gran fiesta a la que invitaron a las tres hadas buenas del reino, que fueron elegidas como madrinas de la niña.

La reina obsequió a cada una de ellas con un cofrecillo hecho de oro y diamantes. Y en señal de agradecimiento las tres hadas otorgaron un don extraordinario a la princesita.

La primera hada dijo: "Serás la más bella de todas las princesas que jamás existieron".

La segunda anunció: "Tendrás la voz más dulce que pueda imaginarse".

Y la tercera expresó: "Serás la más graciosa y alegre de todas las niñas del mundo".

Pero, de repente, la alegría de aquel mágico momento se rompió: ¡Un hada fea y malvada entró a la sala del castillo!

Furiosa por no haber sido invitada a la fiesta, el hada malvada lanzó sobre la princesita una terrible maldición:

—¡Cuando cumplas quince años te pincharás con una aguja y... morirás!

Y después de pronunciar aquellas terribles palabras el hada malvada desapareció envuelta en una nube tan negra como su alma.

—¡Oh, qué destino tan triste! ¡Pobre hija mía! —se lamentaba la reina.

–No se aflijan, majestades –dijo entonces una de las hadas buenas–. Si me lo permiten, intentaré deshacer el hechizo.

Entonces, el hada se acercó a la cunita donde dormía la niña y, agitando varias veces su varita mágica sobre ella, formuló un largo sortilegio.

Y cuando por fin lo hubo acabado se acercó a los reyes y, con voz dulce, les dijo:

–Majestades, no he podido romper del todo el hechizo del hada malvada. Vuestra hija se pinchará con una aguja, pero no morirá. Dormirá un largo y profundo sueño y, pasados 100 años, un apuesto príncipe la despertará.

El rey, muy asustado, ordenó de inmediato que se quemaran todas las agujas del reino. ¡Ni una sola aguja debía salvarse del fuego! ¡Nadie volvería a coser en aquel reino!

Decenas de pajes reales fueron enviados a todos los rincones de aquella tierra para leer la orden del rey. No quedó ciudad, pueblo o aldea, por más lejana o apartada que estuviera, que no recibiera la visita de aquellos mensajeros reales.

Y una vez que los heraldos cumplieron su misión, el rey, muy satisfecho, le dijo a la reina:

—Ya no has de temer nada, amada esposa. El fuego ha destruido todas las agujas del reino. Nuestra hijita jamás se pinchará con ellas y vivirá alegre y feliz por siempre.

Pasaron quince años sin que nada ocurriese. En ese tiempo la pequeña princesa se convirtió en una joven muy bella. Sus ojos eran azules como el agua del mar y su larga cabellera rubia brillaba como el oro.

Y es que, tal como anunciaron sus tres hadas madrinas, la princesa era dueña de dones maravillosos y extraordinarios.

Su voz era más dulce que la de un ruiseñor, y la simpatía que mostraba con su familia y con todos la hicieron merecedora del amor y del cariño de los habitantes de aquel reino.

–¡Larga vida a la princesa, larga vida a la princesa! –exclamaban cuando la veían pasar con su comitiva de damas y doncellas.

Pero el día que cumplió quince años, la princesa recibió una extraña visita. Una adorable anciana entró a la habitación de la joven y le dijo:

—Alteza, sé que hoy es vuestro cumpleaños y me gustaría hacerle un regalo. Pero para ello debe acompañarme a cierto lugar.

La anciana condujo a la princesa a la torre más alta del castillo, donde había un pequeño desván que todos creían deshabitado.

En él encontraron a una costurera que cosía con aguja e hilo... ¡Aquella mujer nunca había oído hablar de las órdenes del rey!

La labor de la costurera despertó la curiosidad de la joven princesa, pues nunca hasta entonces había visto coser a nadie.

–¡Qué divertida tarea! –exclamó la princesa acercándose a la costurera–. ¿Puede mostrarme cómo lo hace?

La costurera, que era muy amable, le cedió a la princesa la aguja, pero nada más tomarla en su mano se pinchó en un dedo y cayó al suelo, quedando sumida en un profundo sueño.

¡Pobre princesa! ¡La terrible profecía del hada malvada se había cumplido!

–¡Ja, ja, ja, ja! –una espantosa carcajada resonó entonces en aquel desván.

Aquella anciana que la princesa creía adorable era... ¡El hada malvada!

Los reyes cayeron en una profunda tristeza, pues tal como les había dicho una de las hadas buenas su hija no despertaría hasta pasados 100 años.

Con todo el dolor de su corazón, el rey ordenó que llevaran el cuerpo dormido de su hija a la mejor habitación del castillo.

Los pajes reales la acostaron en un suntuoso lecho de plata y zafiros para que la pobre princesa durmiera su largo y profundo sueño.

Y, cada noche, la reina iba a velar el sueño de su querida hija.

–¡Pobre niña mía! –susurraba entre sollozos la desconsolada madre.

Cierto día, el hada buena se presentó por sorpresa en el castillo real.

—Majestades, he tenido una idea —les dijo a los reyes—. Para que vuestra hija no se encuentre sola en su largo sueño haré un encantamiento para que los habitantes del castillo duerman durante cien años y despierten cuando la princesa abra los ojos.

Y dicho esto, el hada buena dio unos pases mágicos con su varita y, al instante, todos los habitantes del castillo quedaron profundamente dormidos.

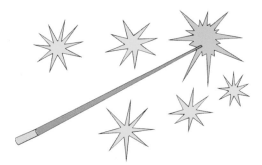

El tiempo se detuvo en el castillo. Las agujas de los relojes cesaron de girar y un gran silencio se adueñó del lugar.

Poco a poco, una densa selva de hierbas y arbustos tomó el castillo y un espeso bosque creció a su alrededor. La hiedra trepaba por las murallas cubriendo puertas y ventanas, y miles de flores silvestres formaron un hermoso jardín donde sólo se oía el canto de los pajaritos.

Mientras tanto, los habitantes del castillo soñaban que un príncipe encontraba a la Bella Durmiente y la despertaba con un dulce beso.

Pasaron cien años hasta que, un día, un joven y apuesto príncipe que intentaba cazar a un jabalí pasó cerca de allí.

Tratando de huir, el animal se internó en la espesura del bosque. Entonces, el joven desmontó de su hermoso caballo blanco y empuñó su espada. Y, abriéndose paso entre la maleza, fue en busca del jabalí.

De repente, cuando apartaba con su fuerte brazo un gran arbusto, vio un enorme castillo oculto por árboles y matorrales.

Y con paso resuelto avanzó hacia él.

¡Qué gran sorpresa se llevó el joven cuando entró al castillo! En las escaleras, en el patio, en los pasillos... ¡todos dormían!

"Qué extraño. Esto parece obra de un encantamiento", pensó.

Y, llevado por una extraña intuición, subió las escaleras que conducían a una de las habitaciones principales del castillo.

Y lo que vio allí lo dejó asombrado: ¡Una joven bellísima dormía plácidamente en una linda cama de plata y zafiros!

El príncipe contempló aquel bello rostro y, obedeciendo a un impulso de su corazón, tomó la mano de la joven y la besó tiernamente.

Entonces, la bella princesa despertó de su largo sueño.

¡El beso del príncipe había roto el maleficio del hada malvada!

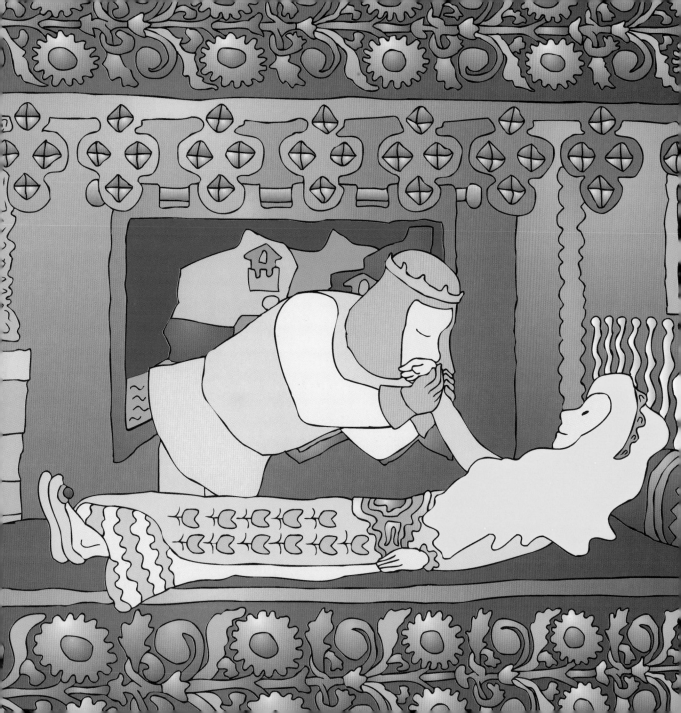

Y en ese momento todos los habitantes del castillo despertaron, tal como había anunciado el hada buena.

El rey y la reina corrieron a abrazar a su hija, mientras que los pajes, las sirvientas, los guardias y los cocineros del castillo bailaban y cantaban muy contentos.

De repente, los relojes, que habían permanecido parados un siglo, volvieron a marcar las horas, y el espeso bosque que había ocultado el castillo durante ese largo tiempo desapareció como por arte de magia.

¡El castillo entero había despertado de su horrible pesadilla!

Al día siguiente, las campanas del reino redoblaron alegres anunciando la boda del príncipe y la princesa.

Y así fue como, después de haber dormido 100 años, aquella joven y dulce princesa fue feliz con el apuesto príncipe que la había despertado.

fin

Actividades

Ordena las sílabas

Ordena correctamente las sílabas y obtendrás 4 adjetivos. Luego relaciónalos con las palabras de la derecha.

no	tier	
to	pues	a
liz	fe	
lla	be	

____________ princesa

____________ beso

____________ príncipe

____________ pareja

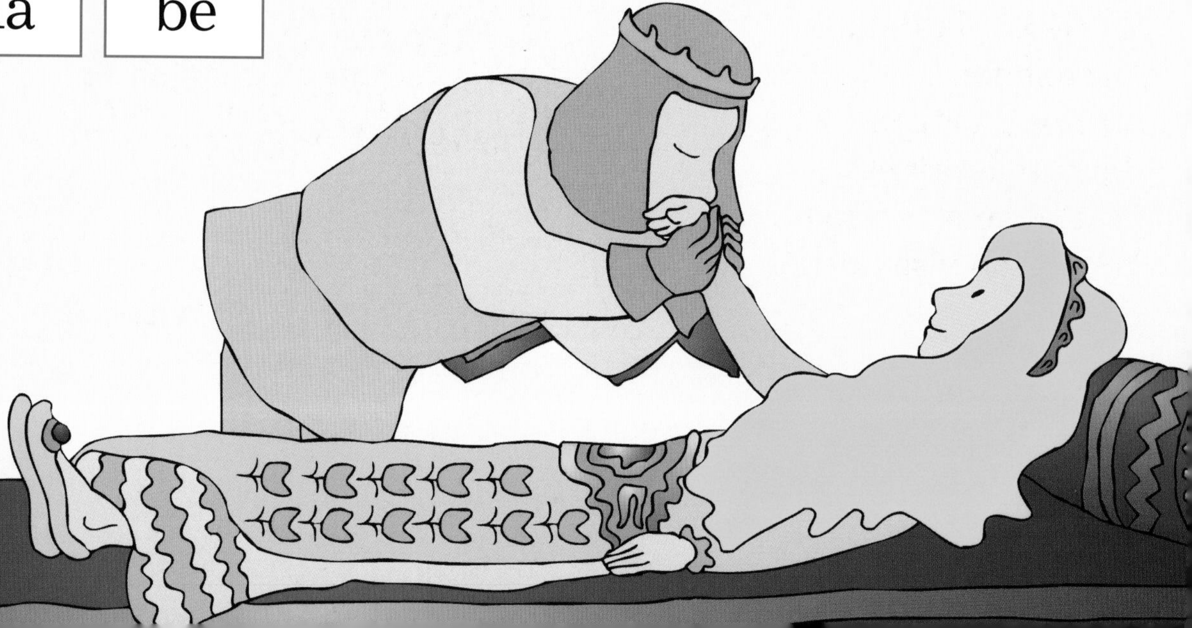

El crucigrama

Lee las frases atentamente y escribe las soluciones en las casillas numeradas.

Horizontales

(1) La Bella Durmiente era una...

(2) La madre de la princesita era...

(3) Las tres madrinas de la niña eran eso.

Verticales

(1) Besó a la Bella Durmiente.

(2) Los años que durmió la princesa.

(3) Con una se pinchó en el dedo y se quedó dormida.

¿Recuerdas?

No te resultará difícil contestar a estas preguntas si recuerdas bien lo que sucede en el cuento. Marca con una cruz la respuesta correcta.

(1) ¿En qué consiste la maldición del hada malvada?

☐ Que la princesa se pinche con una aguja y muera.

☐ Que al cumplir los quince años se convierta en un sapo.

☐ Que un ogro la bese a los quince años.

(2) El hada buena rompe el hechizo y la princesa...

☐ Se cae por las escaleras y se rompe una pierna.

☐ Duerme durante cien años.

☐ Se hace costurera.

(3) ¿Qué hace el rey para evitar la maldición del hada mala?

☐ Persigue a todos los ogros del reino.

☐ Encarcela a las costureras y los sastres del reino.

☐ Ordena quemar todas las agujas.

(4) ¿Quién es realmente la anciana que visita a la princesa?

☐ El príncipe encantado

☐ El hada malvada

☐ La reina disfrazada

(5) El hada buena hace un encantamiento a los habitantes del castillo...

☐ Para que duerman cien años como la princesa

☐ Para que puedan despertar a la princesa con un beso

☐ Para que se transformen en sapos

(6) ¿Cómo rompe el maleficio el apuesto príncipe?

☐ Pinchando con una aguja la pierna de la joven

☐ Besando la mano de la Bella Durmiente

☐ Colocando una rosa roja sobre el pecho de la princesa

Mis amigos, los **animales**

Descubre el nombre de cada animal y anota si es doméstico o salvaje donde corresponda.

¿Sabías que..? Los animales domésticos se crían y viven en compañía de las personas y dependen de ellas para subsistir. Los animales salvajes, en cambio, viven libres en su entorno natural.

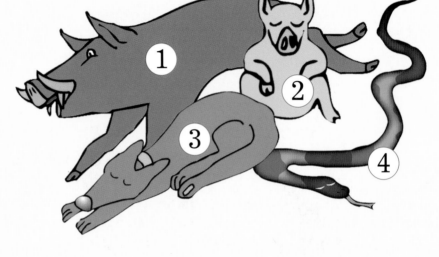

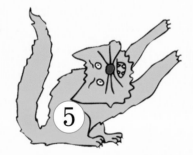

1. El _____ es un animal _____

2. El _____ es un animal _____

3. El _____ es un animal _____

4. La _____ es un animal _____

5. El _____ es un animal _____

Lección de anatomía

Escribe en los cuadros en blanco estas 5 partes de un caballo: **CRIN**, **COLA**, **GRUPA**, **PECHO** y **CASCOS**.

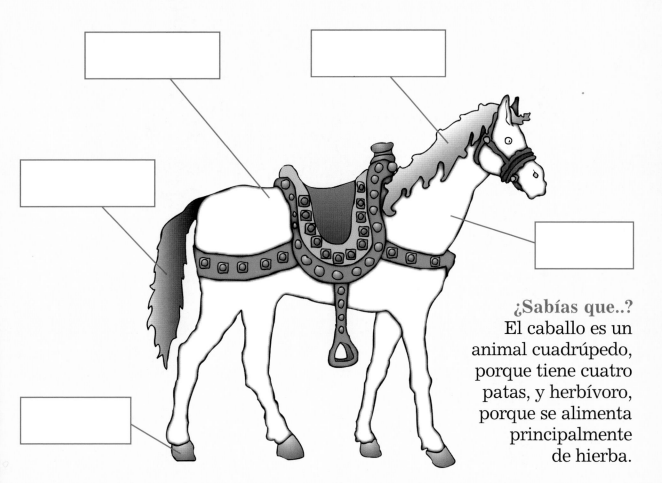

¿Sabías que..?
El caballo es un animal cuadrúpedo, porque tiene cuatro patas, y herbívoro, porque se alimenta principalmente de hierba.

Completa

Al copiar este fragmento de la página 52 han volado algunas palabras rebeldes. ¿Puedes volver a colocarlas en su sitio?

Furiosa por no haber sido invitada a la fiesta, el _____ malvada lanzó sobre la _____ una terrible _____ :

–¡Cuando cumplas quince años te pincharás con una _____ y... morirás!

Y después de pronunciar aquellas terribles palabras el hada malvada desapareció envuelta en una _____ tan negra como su alma.

aguja

maldición

nube

hada

princesita

Cenicienta

Basado en el cuento de
Charles Perrault

Ilustrado por Lancman Ink.

Había una vez una joven muy bella, cuya madre había muerto cuando ella aún era pequeña.

Su papá se esmeraba por darle todos los cuidados y educarla. Pero, como era muy pobre y tenía que trabajar todo el día, apenas le quedaba tiempo para atenderla.

Un día, el padre le preguntó a su hija:

–Hijita, ¿te gustaría tener una mamá que te cuidase?

–Pues claro que sí, papá. ¡Sería maravilloso! –exclamó entusiasmada la niña.

Y así fue como el papá de aquella dulce joven decidió casarse de nuevo.

La nueva esposa, que también era viuda, tenía dos hijas.

"Las tres niñas crecerán juntas y serán buenas amigas", pensó el padre.

Pero la madrastra, que era una mujer muy antipática, no pensaba lo mismo. A sus dos hijas las cuidaba y las mimaba, pero a su hijastra la obligaba a hacer todas las tareas del hogar, como limpiar la chimenea.

Por eso, no era casualidad que a aquella pobre niña la llamasen Cenicienta, pues todo el día andaba manchada de ceniza.

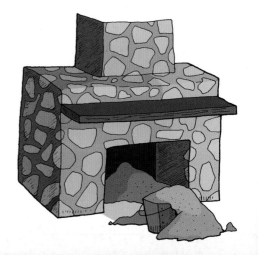

Un día, el rey de aquel país pensó que su hijo, el príncipe, ya estaba en edad de casarse.

"De este modo, el día que herede el trono, mis súbditos tendrán un rey y una reina..."

Y tuvo una idea brillante:

"Haré una gran fiesta en el palacio e invitaré a todas las muchachas casaderas del reino...".

Y tomando su larga pluma de ganso, el rey escribió la invitación con su mejor letra.

Los heraldos del rey, anunciándose con toques de trompetas y clarines, recorrieron el reino. Por todos lados, en los valles y las montañas, aun en los pueblos más lejanos y pequeños, se oyó el mismo bando:

–¡El primer sábado del mes próximo, al anochecer, todas las muchachas casaderas del reino están invitadas a asistir a una gran fiesta en palacio!

Así llegó la noticia a oídos de la madrastra, quien de inmediato ordenó a sus hijas que preparasen sus mejores ropas y alhajas. Al mismo tiempo, le dijo a Cenicienta:

—Tú no irás... Te quedarás en casa fregando el suelo, lavando los platos y limpiando la chimenea.

Las hijas de la madrastra aplaudieron y saltaron de alegría, pero Cenicienta hizo un esfuerzo para no echarse a llorar.

Finalmente, llegó el tan esperado sábado del baile. Al anochecer, vestidas con sus mejores galas, la hijas de la madrastra partieron rumbo al palacio del rey.

Cuando se encontró sola, Cenicienta no pudo reprimir su llanto.

–¿Por qué seré tan desdichada? –exclamó–. ¿Por qué este triste destino?

Y se encaminó hacia la chimenea para barrer las cenizas y reavivar el fuego.

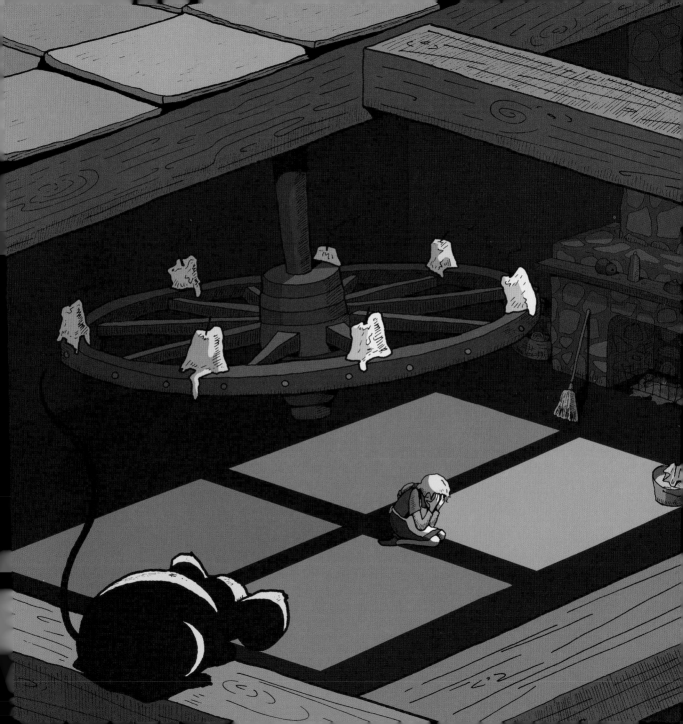

De pronto, entre las llamas apareció un resplandor más luminoso que el fuego.

–No te preocupes, Cenicienta –se oyó una voz–. Tú también irás al baile…

Cenicienta se restregó los ojos, creyendo que soñaba. Pero no, no era un sueño.

Ante ella, una mujer de dulce rostro y tierna voz esgrimía una varita mágica.

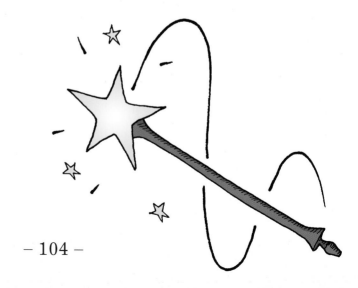

–¿Quién eres? –preguntó Cenicienta.

–Todos los seres de buen corazón tienen un hada madrina –respondió con voz muy dulce aquella extraña mujer–. Yo soy la tuya…

Entonces, el hada rozó con su varita la vieja ropa de la muchacha. Y, en un abrir y cerrar de ojos, Cenicienta se vio cubierta de tules, sedas y terciopelos, al tiempo que un collar de piedras preciosas rodeaba su cuello.

La joven retrocedió sorprendida y oyó un tintineo: sus pies lucían unos bellísimos zapatitos de cristal.

–Sólo te falta el carruaje… –dijo el hada.

Salió al huerto, tocó con su varita una calabaza y, en menos de un suspiro, surgió un elegante carruaje tirado por briosos corceles. En el pescante, un sonriente cochero le hizo señas a Cenicienta para que subiese.

–Espera, Cenicienta –la detuvo el hada–, no te olvides: debes regresar antes de medianoche, porque, a esa hora, la magia desaparecerá…

La llegada de Cenicienta al palacio despertó un murmullo de admiración.

–¿Quién es? –se preguntaron todos, incluso sus hermanastras–. ¿Quién es?

Pero quien más se formuló esa pregunta fue el príncipe, que quedó prendado de la belleza de la muchacha.

A partir de ese instante, el príncipe y Cenicienta no dejaron de bailar juntos.

En medio del giro de un hermosísimo vals, sonaron las campanadas del reloj del palacio. Cenicienta comenzó a contarlas.

–Van a ser las doce –se sobresaltó la muchacha, desprendiéndose del príncipe.

–No te vayas, por favor, no te vayas –rogó el hijo del rey.

Pero Cenicienta se marchó a la carrera. Procurando ser más rápida que el reloj, Cenicienta descendió por las escaleras como una exhalación.

–¡Oh! –exclamó Cenicienta de pronto–. He perdido uno de los zapatitos...

Pero el reloj seguía su curso y, sin tiempo para volver sobre sus pasos, Cenicienta se metió en el carruaje.

Al partir, alcanzó a ver cómo el príncipe, en lo alto de la escalera, apretaba fuertemente contra su pecho el zapatito que ella había perdido.

Esa misma noche, desesperado, el príncipe fue a la cámara real y habló con el rey.

–Padre –le dijo–, estoy enamorado... He encontrado a la mujer de mis sueños... pero...

–¿Pero qué? –se sorprendió el rey.

–También la he perdido...

–¿Quién es? –le preguntó su padre.

–No lo sé... –y le contó cómo había sido todo.

–No desesperes –le contestó el rey–. En tantos años de gobierno, algo he aprendido...

Al día siguiente, el rey volvió a coger su larga pluma de ganso y redactó un nuevo bando.

Los heraldos recorrieron otra vez el reino:

—Por orden del rey, todas las doncellas del reino deberán probarse un zapatito de cristal. Quien pueda calzarlo, se casará con el príncipe y será la futura reina de este país.

De inmediato, la madrastra advirtió a sus hijas:

—Como sea, a la fuerza, aunque os duela, una de vosotras deberá calzarse el dichoso zapatito.

Así fue como, zapatito en mano, el príncipe y sus consejeros llegaron a la casa de Cenicienta.

–Tú vete a limpiar la chimenea –le dijo la madrastra a Cenicienta–. En cuanto a vosotras, hijas, ya sabéis...

Fue inútil: por más que se esforzaban en hacer coincidir su pie con el zapatito, a una le quedaba muy grande y a la otra muy pequeño...

Cuando comprobaron que el zapatito de cristal calzaba perfectamente en el pie de Cenicienta, todos se sorprendieron. Todos, menos el príncipe. Su corazón ya se lo había dicho.

Cenicienta y el príncipe no tardaron en bailar juntos un nuevo vals. Esta vez fue en el baile del día de su boda.

Los habitantes del reino celebraron que una muchacha tan humilde hubiera llegado a ser reina. Con el tiempo, hasta la madrastra y sus hijas olvidaron su envidia.

Y aunque el reloj del palacio marca todas las noches las doce campanadas, los giros del vals continúan. La magia se ha hecho realidad.

Actividades

¿Qué hora es?

Cada uno de estos relojes marca una hora diferente. ¿Serías capaz de escribir correctamente la hora exacta debajo de cada uno de ellos?

1. _____

2. _____

3. _____

4. _____

Cada oveja con su pareja

Relaciona las palabras con los dibujos correspondientes.

Fuego	Agua	Tiempo	Luz

¿Recuerdas?

No te será difícil contestar a estas preguntas si has prestado atención al cuento. Marca con una cruz la respuesta correcta.

(1) ¿En qué transforma el hada madrina la calabaza?

☐ En un globo aerostático.

☐ En una varita mágica.

☐ En un carruaje.

(2) ¿A qué hora debe volver Cenicienta del baile?

☐ No va al baile. Se queda en casa viendo una peli.

☐ A las seis de la madrugada.

☐ A medianoche, es decir, a las doce en punto.

(3) ¿Con qué escribe el rey la invitación para el baile de palacio?

☐ Con una máquina de escribir.

☐ Envía e-mail desde el ordenador que tiene en su despacho.

☐ Con una larga pluma de ganso.

Ordena la historia

Enumera las cuatro ilustraciones por el orden en que aparecen en el cuento.

Una adivinanza

Me pisas y no me quejo,
me cepillas si me mancho,
y con mi hermano gemelo
bajo tu cama descanso.

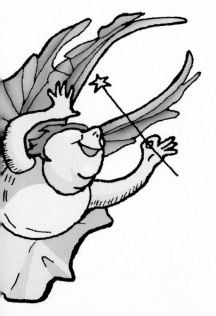

El laberinto

Cenicienta quiere llegar al baile que se celebra en el palacio, pero no encuentra el camino. ¿Podrías marcárselo con un lápiz?

¿Sabías qué...?

La calabaza, al igual que la patata y el tomate, es una hortaliza que procede de América. Fueron los conquistadores españoles quienes la trajeron a Europa.

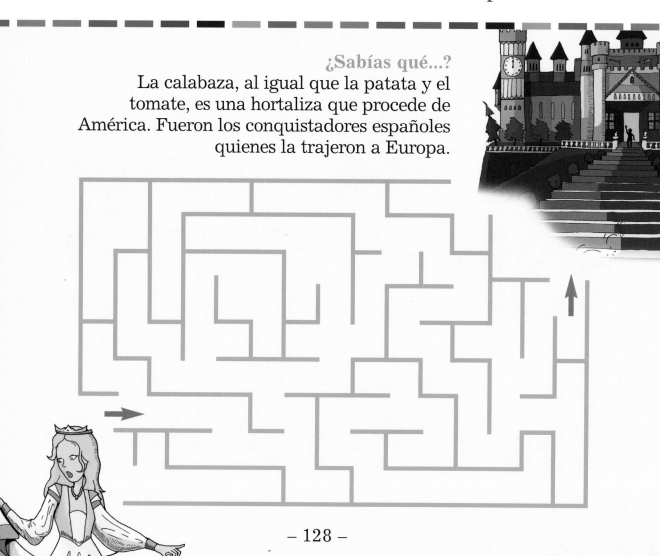

Palabras cruzadas

Escribe en las casillas correspondientes los nombres de estos cinco dibujos que aparecen en el cuento de Cenicienta.

Completa

Al copiar este fragmento de la página 114 han volado algunas palabras rebeldes. ¿Puedes volver a colocarlas en su sitio?

Pero el _____ seguía su curso y, sin tiempo para volver sobre sus pasos, _____ se metió en el _____.

Al partir, alcanzó a ver cómo el _____, en lo alto de la escalera, apretaba fuertemente contra su pecho el _____ que ella había perdido.

zapatito

carruaje

reloj

Cenicienta

príncipe

Blancanieves

Basado en el cuento de los Hermanos Grimm

Ilustrado por Gerardo Baró

En tiempos de Maricastaña vivía una pequeña princesa que era muy bonita. Su cara era tan blanca como la nieve, y sus labios y mejillas, rojos como la sangre. Una larga melena negra caía sobre sus frágiles hombros.

La llamaban Blancanieves.

Los habitantes de aquel reino estaban encantados con aquella niña.

Blancanieves, además de ser una preciosidad, era simpática y muy generosa. Le gustaba mucho charlar con la gente de su país. No hacía distinciones entre ellos, le daba igual si eran altos o bajos, ricos o pobres... Siempre tenía una palabra amable para todos ellos.

Pasaron los años, y Blancanieves se convirtió en una joven guapísima.

Era tal la fama de su belleza que muy pronto llegó a oídos de los príncipes de los países vecinos.

Un buen día, aquellos chicos apuestos acudieron al reino para pedir la mano de la princesa. Cuando todos estuvieron reunidos en el castillo, el padre de Blancanieves, un rey justo y bonachón, les dijo:

–Debéis tener paciencia y saber esperar, amigos míos. Mi querida hija es aún demasiado joven para casarse.

Y los príncipes, resignados, regresaron a sus reinos con la secreta esperanza de poder casarse algún día con Blancanieves.

Aunque parezca increíble, en aquel reino vivía una persona que odiaba a Blancanieves. Era la reina, su madrastra.

Todas las noches, aquella malvada mujer preguntaba a su espejo mágico:

–Espejito, espejito querido. ¿Quién es la más bella del reino?

A lo que el espejo respondía:

–Majestad, la más bella del reino es sin duda Blancanieves, tu hijastra.

Cada vez que escuchaba aquellas palabras, a la malvada mujer se la llevaban los demonios, porque no podía soportar que aquella niñita fuera más guapa que ella.

Y es que la madrastra siempre andaba poniéndose potingues y perfumes carísimos; pero, ni por ésas conseguía que el espejo la considerase la más bella del reino.

Un día, la madrastra, que estaba hasta el gorro de las respuestas del dichoso espejito, ordenó a un cazador que raptara a Blancanieves y la llevara al bosque para matarla.

–Pero, majestad –suplicó el cazador–, lo que me pides es horrible.

–Sí, ya lo sé… ¡Pero obedece ahora mismo, si no quieres acabar en la cárcel! –le amenazó la reina.

El cazador llevó a Blancanieves al bosque. Pero cuando se alejaron un poco del castillo, el cazador, que tenía un corazón de oro, dejó escapar a la joven:

–¡Corre, Blancanieves, corre! –le decía el cazador–. Vete de aquí y busca un refugio.

Muy asustada, Blancanieves hizo caso al buen cazador y salió disparada hacia el corazón del bosque. Corrió tanto y tan lejos como se lo permitieron sus fuerzas.

Ya atardecía cuando Blancanieves encontró una casita en un claro del bosque.

"Estoy cansada y hambrienta –se dijo la princesa–. Tal vez los dueños de esta casa me dejen pasar aquí la noche."

La joven llamó a la puerta; pero, como nadie respondía, decidió entrar.

Lo que vio la dejó muy sorprendida. Todo en aquella casa era pequeñísimo, pero más limpio y ordenado de lo que uno pueda imaginar. Cerca de la chimenea había una mesita con siete platos pequeños y siete tazas de barro. Y al otro lado de la habitación, siete camitas en hilera.

Como estaba muy cansada, Blancanieves se acercó a aquellas camitas y se acostó sobre tres de ellas. Se quedó dormida en un santiamén.

Los dueños de la casa regresaron por la noche. Eran siete enanitos que todos los días salían a trabajar a la mina de oro que había al otro lado de las montañas.

–¿Quién es esta joven? –exclamaron sorprendidos al ver a Blancanieves dormida–. ¿Cómo habrá llegado hasta aquí?

Con cuidado de no despertarla, los enanitos se acercaron a ella. Su rostro dormido era tan dulce, su blancura era tan diáfana, que quedaron prendados de su belleza.

¡Jamás habían visto una joven tan bella!

Blancanieves se asustó un poco cuando despertó a la mañana siguiente y vio a su lado a aquellas personas de tan escaso tamaño.

–Somos los enanitos del bosque y vivimos aquí. No debes temer nada de nosotros –la tranquilizaron los dueños de la casita.

La princesa explicó entonces su triste historia a los siete enanitos, que quedaron sumidos en un largo silencio.

Hasta que, por fin, uno de ellos dijo:

–Si quieres, puedes quedarte en esta casa. ¡Nosotros siempre te cuidaremos!

Y Blancanieves, muy emocionada, sonrió dulcemente y contestó:

–De acuerdo, amiguitos. Acepto.

Blancanieves pronto fue muy feliz entre aquellos enanitos tan simpáticos. Cada mañana salía a despedirlos cuando partían hacia la mina de oro. Los siete enanitos le devolvían el saludo y, con sus herramientas al hombro, se encaminaban muy contentos hacia las montañas.

Para entretener el largo camino, los enanitos solían entonar alegres canciones. Y cuando se sentían cansados, hacían un alto en algún claro del bosque para comer el delicioso almuerzo que les había preparado Blancanieves.

Entre tanto, muy lejos de allí la madrastra volvió a preguntar a su espejo mágico:

–Dime, espejito, ¿quién es ahora la más bella?

–La más bella es Blancanieves.

–¡Mientes! –gritó enfurecida la madrastra–. La más bella soy yo. Blancanieves ha muerto. ¿Me oyes? ¡Ha muerto!

–No –le dijo el espejo sin inmutarse–. La más bella es Blancanieves, que ahora vive en el bosque, en la casa de los siete enanitos.

Aquello era demasiado. Fuera de sí, la madrastra agarró un martillo y dio un golpe tremendo al espejo, que se rompió en mil pedazos. Luego preparó un macabro plan: se disfrazó de ancianita, puso manzanas envenenadas en una cesta y partió hacia la casa de los siete enanitos.

Blancanieves estaba sola cuando la falsa anciana se presentó en la casa. Al verla tan frágil y desvalida, la joven la invitó a entrar.

–Muchas gracias, querida –dijo la pérfida madrastra–. Acepta esta manzana como prueba de mi agradecimiento.

–Oh, es usted muy amable –dijo Blancanieves.

Pero nada más morder la fruta, la princesa sintió que su cabeza daba vueltas. Desesperada, la joven intentó agarrarse a una silla, pero notó cómo las fuerzas la abandonaban y cayó al suelo.

¡Blancanieves estaba muerta!

–Ja, ja, ja, ja –la malvada madrastra lanzó una horrible carcajada y salió presurosa de la casa.

Aquella noche, cuando los enanitos regresaron del trabajo, se extrañaron al no ver luz en la casita. Muy preocupados, corrieron hacia ella y, sorprendidos y asustados, vieron a Blancanieves que yacía en el suelo.

–¡Blancanieves, Blancanieves! –gritaban desesperados los enanitos–. ¿Qué te ocurre? ¡Por favor, despierta, despierta!

Pero Blancanieves no se movía.

–¡No respira! ¡Está muerta! –exclamó uno de los enanitos que se acercó a ella.

¡Qué terrible desgracia!

Los siete enanitos, llorando a lágrima viva, velaron el cuerpo de Blancanieves, que seguía conservando intacta su belleza.

Pasados tres días, el enanito más viejo dijo con una voz muy triste:

–Colocaremos a Blancanieves en una caja de cristal y la subiremos a la cima de la montaña. Todos los días acudiremos allí para admirar la belleza inmortal de Blancanieves.

Y así lo hicieron. Los enanitos cargaron sobre sus hombros el ataúd de cristal y lo subieron a lo alto de la montaña.

Una tarde, mientras los enanitos velaban el cuerpo de Blancanieves, vieron a lo lejos un jinete que se acercaba a todo galope.

¡Era un apuesto príncipe!

Cuando el joven llegó por fin, desmontó de su brioso corcel. Señaló la caja de cristal donde yacía Blancanieves y preguntó a los enanitos:

–¿Quién es la joven de la caja de cristal?

–Alteza, esa dulce joven se llama Blancanieves y es la princesa más bella del mundo –le contestaron a coro los enanitos.

Entonces, el enanito más viejo explicó la historia de la desafortunada joven al príncipe. Éste, muy impresionado por lo que acababa de oír, se acercó al ataúd de cristal y quedó prendado de la belleza de Blancanieves.

El joven notó que su corazón latía con mucha fuerza. Y rogó a los enanitos que le permitieran llevar a la joven a su castillo para adorarla siempre.

Pero, al intentar mover la caja de cristal, el príncipe tropezó. El golpe fue tan brusco que el pedazo de manzana que había comido Blancanieves se desprendió de su garganta y... ¡la joven despertó de su largo sueño!

Los enanitos, locos de contento, bailaron de alegría, y Blancanieves aceptó casarse con el joven príncipe.

Fue una boda magnífica. Los festejos duraron una semana, y los siete enanitos fueron los invitados de honor de los novios.

A partir de aquel día, Blancanieves y el príncipe fueron siempre felices.

Y de la malvada y vanidosa madrastra no se volvió a oír jamás.

fin

Actividades

Busca las
diferencias

Estos dos dibujos parecen idénticos, pero entre ellos hay cinco diferencias. Señálalas con un círculo en la ilustración de la derecha.

El crucigrama

Lee las frases atentamente y escribe las soluciones en sus correspondientes casillas numeradas.

Horizontales

(1) Consigue despertar a Blancanieves y se casa con ella.

(2) Es de cristal y en ella pusieron a Blancanieves.

(3) Los siete amigos de Blancanieves.

Verticales

(1) Es mágico y si le preguntan contesta.

(2) Blancanieves la mordió y se desmayó.

(3) Llevó a Blancanieves al bosque para matarla.

¿Recuerdas?

A ver si eres capaz de contestar a estas preguntas sobre el cuento de Blancanieves. Marca con una cruz la respuesta correcta.

(1) ¿Por qué van a ver los príncipes al padre de Blancanieves?

☐ Para pedir la mano de su hija.

☐ Para que les permita cazar en los bosques del reino.

☐ Piden al rey que organice un torneo medieval.

(2) ¿Cómo es la casa de los siete enanitos?

☐ Pequeñísima, pero muy sucia y desordenada.

☐ Bastante grande, pero limpia y ordenada.

☐ Pequeñísima, pero muy limpia y ordenada.

(3) ¿En qué consiste el trabajo de los siete enanitos?

☐ Fabrican espejitos mágicos.

☐ Extraen carbón de una mina.

☐ Extraen oro de una mina.

Ordena la historia

Como ya conoces la historia de Blancanieves, te será fácil enumerar las ilustraciones por el orden en que aparecen en el cuento.

El laberinto

Ayuda a Blancanieves a encontrar el camino que lleva a la casa de los siete enanitos del bosque.

¿Sabías qué...?

La manzana es una fruta estupenda para mantenernos sanos y en forma. Es rica en vitamina C, limpia los dientes, es buena para la circulación y tiene mucha fibra.

Escribe las letras que faltan para completar el nombre de cada una de las imágenes que aparecen en esta página.

e _ p a _ _

v a g o _ _ t a

_ _ _ f u m e s

_ a n _ _ n a s

Completa

Al copiar este fragmento de la página 160 han volado algunas palabras rebeldes. ¿Puedes volver a colocarlas en su sitio?

Una tarde, mientras los _____ velaban el cuerpo de _____ , vieron a lo lejos un _____ que se acercaba a todo galope.

¡Era un apuesto _____ !

enanitos

jinete

príncipe

Blancanieves

La Sirenita

Basado en el cuento de
Hans Christian Andersen

Ilustrado por Lancman Ink.

Había una vez, en el fondo del océano, un maravilloso palacio construido con corales multicolores, caracolas de nácar, burbujas saltarinas y perlas de todos los tamaños.

En el palacio vivían el rey y la reina de los mares y sus seis hijas.

La Sirenita, la más pequeña de todas, solía cantar con voz muy dulce. Y pulsaba, como si fuesen las cuerdas de un arpa, los rayos del sol, que apenas se filtraban a través de las aguas profundas.

–Madre –le decía la Sirenita a la reina–, dicen que allí arriba, en tierra firme, se levanta el gran mundo de los seres humanos... ¿Cuándo podré visitarlo?

–Cuando cumplas quince años –le respondía su madre–, tu padre te dejará que subas a la superficie y lo conozcas...

Por fin llegó el ansiado día. Su padre, el rey de los mares, la llamó y le dijo:

–Ya puedes subir... Pero nunca olvides que nosotros somos hijos del mar... Sé prudente con los seres humanos... Pueden ser muy buenos, pero también son capaces de hacer la mayor maldad...

La Sirenita se deslizó hacia arriba. Y se asombró por el vuelo de las gaviotas, las formas de las nubes, los rizos de espuma en las olas y los rayos de luz que el sol volcaba sobre el mundo.

Logró alcanzar una roca y, desde allí, contempló la inmensidad del mundo. Pronto observó lo más maravilloso que nunca podría haber imaginado.

Cerca de allí, ancló un inmenso barco y, sobre cubierta, vio por primera vez a un ser humano. Era el capitán que, apoyado en la borda, lucía un rostro sereno y hermoso. Ambos se miraron con asombro.

Pero, de pronto, a un lado del cielo, un rayo rasgó las nubes y un trueno se desplomó, como un rugido, sobre el mundo.

–¡Cuidado! –gritó angustiada la Sirenita, pero fue inútil: un golpe de mar arrebató al capitán de la cubierta. La Sirenita se zambulló en las olas y, guiada por su corazón, encontró al capitán y lo llevó hasta la playa.

Luego, la Sirenita lo reanimó con tiernas caricias y tibias miradas. Sonriente, se durmió al lado del capitán.

–¡Un náufrago! ¡Un náufrago!

La Sirenita se despertó sobresaltada al oír los gritos. A su lado, yacía su hermoso capitán. Las voces sonaban cada vez más cerca...

–¡En la playa!... ¡Un náufrago!...

La Sirenita vio a una mujer que, acompañada de sus criados, corría hacia donde ella estaba. La Sirenita se escapó hacia el mar. Antes de sumergirse, alcanzó a ver cómo la dama se inclinaba sobre el capitán, al tiempo que este murmuraba:

–Gracias, bella dama... Muchas gracias... Me has salvado la vida...

La Sirenita nadó y nadó y nadó hasta llegar al palacio de los mares.

—¿Cómo te ha ido? —le preguntó su padre.

La Sirenita tartamudeó al relatarle la fuerza de los rayos y el estruendo de los truenos, pero no tuvo palabras para describir el hermoso rostro del capitán. Y enmudeció al recordar cómo éste le había dado las gracias a quien no lo había salvado.

—Los seres humanos son muy extraños… —alcanzó a decir la Sirenita, y las lágrimas se deslizaron por sus mejillas.

Ya nunca podría olvidar el bello rostro de su capitán.

–¿Cómo es posible que tener cola de pez en vez de piernas sea más fuerte que el amor? –se preguntaba la Sirenita.

Pasaba el tiempo, y el recuerdo de su capitán era más fuerte y su pena más grande. Un día, la hechicera de los mares se acercó a ella.

–Sólo mi maleficio puede ayudarte… –le dijo–. ¿Quieres volver al lado de tu capitán? Cambiaré tu cola de pez por un par de piernas; pero, cada paso que des, sentirás un fuerte dolor…

–Ningún dolor puede ser más terrible que perder a mi capitán… –aceptó la Sirenita.

La Sirenita subió otra vez al gran mundo de los seres humanos. Nadó hasta la playa; pero, al dar un paso, se desplomó: el dolor era espantoso.

–¿Qué te ocurre, muchacha? ¿Qué te ha pasado?

La Sirenita alcanzó a ver un rostro más hermoso que el cielo azul y el vuelo de las gaviotas y toda la luz del sol: era su capitán, que se inclinaba sobre ella y le tendía el brazo.

–Permíteme que te suba al carruaje... –le dijo el capitán–. En mi castillo te repondrás...

La Sirenita se dejó llevar.

Así es como la Sirenita emprendió una nueva vida. Se vestía con maravillosas sedas y terciopelos, los orfebres más hábiles la homenajeaban y era agasajada con los platos más sabrosos y los postres más exquisitos. Su vida se deslizaba entre días y noches casi mágicas. Los seres humanos eran encantadores.

Del brazo de su capitán, hasta el dolor más atroz de cada paso tenía sentido.

Una noche, la Sirenita fue invitada al baile de palacio. Al entrar en el salón, parpadeó. Los adornos de las lámparas refulgían. Brillaban las piedras preciosas en los pendientes y en los collares de las damas y en las empuñaduras de las espadas de los caballeros.

Pero nada hirió tanto sus ojos –ni siquiera el dolor de cada paso– como sentir que su capitán se detenía al ver entrar en el salón a la bella dama que se le había acercado en la playa, poco antes de que la Sirenita se fuera hacia el fondo del mar.

–Sí –se dijo la Sirenita–: otra mujer ocupa el corazón del capitán.

No se había equivocado. Al poco tiempo, el capitán y la bella dama se casaron.

–El amor es también ver feliz al ser amado –se dijo la Sirenita.

Sólo eso le permitió superar el dolor de cada paso. También subir a bordo del barco del capitán, que esta vez zarparía para llevar a la nueva pareja en su viaje de luna de miel.

Siempre que la pena estaba a punto de vencerla, la Sirenita se aferraba a la borda y contemplaba la inmensidad del mar.

Una noche de luna llena, atraída por el llanto de la Sirenita, emergió del fondo del océano la hechicera de los mares.

–Sirenita, tengo el remedio para todos tus males. Toma este puñal –le dijo–. Apenas lo empuñes, podrás caminar y hasta correr y saltar y danzar sin que los pies te duelan...

–¿Un puñal? –se sorprendió la Sirenita.

–Con él darás muerte a la bella dama... –le dijo la hechicera–. ¡Y el capitán será tuyo!

La Sirenita tendió su mano hacia la noche.

–Pero –agregó la hechicera–, si no matas a la bella dama, olvídate de tu capitán: además, caerás al mar y desaparecerás como la espuma de las olas.

Puñal en mano, la Sirenita dio un paso y, en efecto, no sintió ningún dolor. Al contrario, un gran alivio se extendió por toda ella como una inmensa felicidad.

Corrió hacia el camarote de la pareja y fue como si volara, llevada por las alas de su más preciado deseo. Entreabrió la puerta: ahí, en el lecho, junto a la bella dama, estaba su capitán.

–¿Mi capitán? –se preguntó la Sirenita–. Aún no es mío…

El balanceo del barco pareció empujarla hacia el lecho, hacia la solución de todas sus tristezas.

Se acercó y alzó el puñal. Quizás rozado por el filo de la hoja, el capitán movió el brazo y cubrió el cuerpo de la bella dama.

–La ama… –murmuró la Sirenita–. La ama…

El barco volvió a balancearse y, esta vez, fue como si la alejara del lecho.

"El gran mundo de los seres humanos puede ser horrible… –pensó–, pero también muy hermoso…"

Y, rápidamente, volvió sobre sus pasos.

La Sirenita se acercó a la borda y dejó caer el puñal. Antes de hundirse, la hoja trazó un camino de espuma en el agua: era el rumbo que le marcaba el maleficio. Y se dispuso a desaparecer.

–¡Sirenita! ¡Sirenita! –oyó un tintineo de campanillas–. Somos las hadas del viento… Nos dedicamos a conjurar todos los maleficios que hay en el gran mundo, ya sea en el mar, en el cielo o en la tierra… Ven con nosotras…

Muy pronto amanecería. La Sirenita dio un paso en el aire y levantó el vuelo.

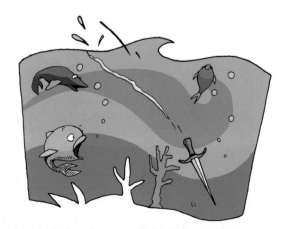

Han pasado los años. El capitán y la bella dama tienen hijos y, como suele suceder, el más pequeño no puede dormirse sin escuchar un bello cuento.

–Había una vez, en el fondo del océano, un maravilloso palacio… –le cuenta su padre–. Allí vivía la Sirenita…

El pequeño se duerme, feliz y tranquilo, como en el mejor de los mundos. Y todas las noches, antes de cerrar los ojos, cree ver cómo una ligera brisa agita la cortina…

fin

Actividades

¿Quién lo ha dicho?

Relaciona el personaje con la frase que ha pronunciado. Para ello, escribe en el círculo en blanco el número que corresponda.

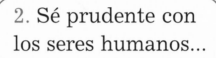

1. Sólo mi maleficio puede ayudarte.

2. Sé prudente con los seres humanos...

3. Los seres humanos son muy extraños.

4. ¿Qué te ocurre, muchacha? ¿Qué te ha pasado?

Bienvenido a **bordo**

Escribe en los recuadros correspondientes estas cinco partes de un barco: **VELA, POPA, ESTRIBOR, PROA** y **BABOR**.

¿Recuerdas?

No te será difícil contestar a estas preguntas si has prestado atención al cuento. Marca con una cruz la respuesta correcta.

(1) ¿Quién vive en el palacio del fondo del océano?

☐ El rey del mar y la dama del lago.

☐ La hechicera del mar.

☐ El rey y la reina de los mares y sus seis hijas.

(2) ¿Quiénes encuentran a la Sirenita y al capitán en la playa?

☐ Una bella dama y sus criados.

☐ Los vigilantes de la playa.

☐ La reina de los mares, es decir, la madre de la Sirenita.

(3) ¿Qué le propone la malvada hechicera a la Sirenita?

☐ Matar a la bella dama.

☐ Hacerle un regalo de bodas al capitán.

☐ Volver con sus padres al palacio del fondo del océano.

Ordena la historia

Numera las cuatro ilustraciones por el orden en que aparecen en el cuento.

¿Sabías qué...?
Según la mitología griega el dios del mar se llamaba Poseidón. Los antiguos romanos, en cambio, lo llamaban Neptuno.

La palabra justa

De las tres palabras que hay en cada una de estas tres columnas, sólo una identifica correctamente la figura dibujada. Escríbela encima de la línea numerada.

Palacio	Lámpara	Puñal
Edificio	Bombilla	Espada
Catedral	Farol	Cuchillo

1. _____

2. _____

3. _____

Mundo submarino

Escribe en los círculos de la columna de la derecha los números que corresponden a los animales acuáticos señalados en el dibujo.

○ Pulpo

○ Ballenato

○ Pez de color

○ Medusa

○ Cangrejo

Una adivinanza
Dos pinzas tengo,
hacia atrás camino,
de mar o de río
en el agua vivo.

Completa

Al copiar este fragmento de la página 184 han volado algunas palabras rebeldes. ¿Puedes volver a colocarlas en su sitio?

–¡Un _____! ¡Un náufrago!

La Sirenita se _____ sobresaltada al oír _____.

A su lado, yacía su _____ capitán. Las voces sonaban cada vez más cerca…

–¡En la_____!… ¡Un náufrago!…

hermoso

playa

despertó

gritos

náufrago

Soluciones

Caperucita Roja

■ Página 40

| Cazador | Pastelero | Florista | Fotógrafo |

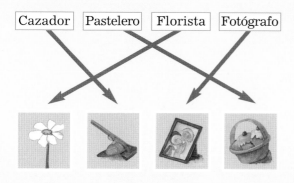

■ Página 41

■ Página 42

(1) Unos pastelitos de crema **(2)** Se detiene para hacer un ramo de margaritas **(3)** Un cazador que pasaba por allí.

■ Página 43

De izquierda a derecha y de arriba a abajo: **2, 4, 1, 3**

■ Página 44

capa, cesta, flores, lobo

■ Página 45

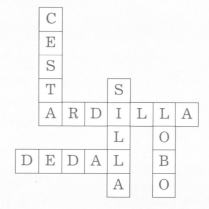

La Bella Durmiente

Página 82

Apuesto príncipe, **Bella** princesa, **Tierno** beso, **Feliz** pareja

Página 83

	1			2			
1	P	R	I	N	C	E	S	A
	R			I			3
	I	2	R	E	I	N	A
	N			N			A
	C						G
	I						U
	P		3	H	A	D	A	S
	E						

Páginas 84-85

(1) Que la princesa se pinche con una aguja y muera **(2)** Duerme durante cien años **(3)** Ordena quemar todas las agujas del reino **(4)** El hada malvada **(5)** Para que duerman cien años como la princesa **(6)** Besando la mano de la Bella Durmiente

Página 86

1. El **jabalí** es un animal **salvaje**
2. El **cerdo** es un animal **doméstico**
3. El **perro** es un animal **doméstico**
4. La **serpiente** es un animal **salvaje**
5. El **gato** es un animal **doméstico**

Página 87

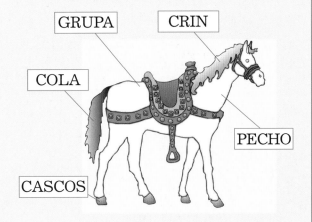

GRUPA · CRIN · COLA · PECHO · CASCOS

Cenicienta

Página 124

1. Las diez y media. **2.** Las nueve y cuarto. **3.** Las tres y diez. **4.** Las siete menos cuarto.

Página 125

Fuego	Agua	Tiempo	Luz

Página 126

(1) En un carruaje.
(2) A medianoche, es decir, a las doce en punto.
(3) Con una larga pluma de ganso.

Página 127

Adivinanza: **el zapato**

De izquierda a derecha y de arriba a abajo: **4, 2, 1, 3**

Página 128

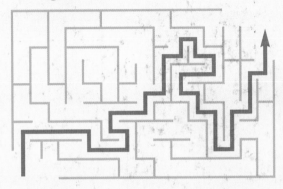

Página 129

```
            J
            A
C A L A B A Z A
      U   O   A
      N   N   P
      A       A
              T
      P E R R O
```

Blancanieves

■ Página 166

■ Página 167

	1	P	R	I	N	C	I	P	E
	E								
	S		2			3			
	P		M			C			
	E		A	2	C	A	J	A	
	J		N			Z			
	O		Z			A			
			A			D			
3	E	N	A	N	I	T	O	S	
			A			R			

■ Página 168

(1) Para pedir la mano de su hija.
(2) Pequenísima, pero muy limpia y ordenada. **(3)** Extraen oro de una mina.

■ Página 169

De izquierda a derecha y de arriba a abajo: **3, 2, 4, 1, 5, 6**

■ Página 170

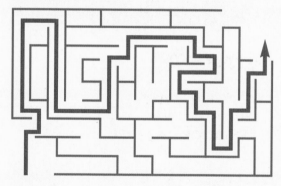

■ Página 171

espada, vagoneta, perfumes, manzanas

La sirenita

■ Página 208

■ Página 209

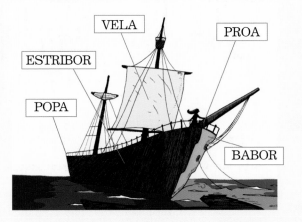

■ Página 210

(1) El rey y la reina de los mares y sus seis hijas. **(2)** Una bella dama y sus criados. **(3)** Matar a la bella dama.

■ Página 211

De izquierda a derecha y de arriba abajo: **4, 3, 2, 1**

■ Página 212

1. Palacio 2. Farol 3. Puñal

■ Página 213

De arriba abajo: **3, 1, 5, 4, 2**

Adivinanza: **el cangrejo**

Un patrimonio que transmitir

A nuestros hijos les transmitimos antes que cualquier otra cosa nuestro patrocinio genético.

Tenemos también la ambición de transmitirles un patrimonio económico y la memoria de nuestra familia En la mayoría de los casos eso va unido a los apellidos. Pero poseemos también un intangible de un valor incalculable: nuestro patrimonio simbólico, del que hemos ido haciendo acopio en la medida en que hemos ido siendo partícipes de los bienes comunes de la humanidad. Nuestro patrimonio simbólico condiciona nuestra manera de ver el mundo y contiene las convicciones morales e ideológicas con las que afrontamos nuestra peripecia humana.

Este patrimonio no se cuantifica, pertenece al área de los intangibles, pero es de un gran valor.

La forma básica de transmisión de esa riqueza es el lenguaje.

La lengua que adquirimos desde niños no es sólo un útil, una herramienta para reflexionar, para formular

nuestros pensamientos y para comunicarnos. La lengua en la que aprendemos a comprender y a explicar el mundo crea nuestro andamiaje interior, el que nos ayuda a crecer intelectualmente y a crear. Nos construye y forma parte de nuestro yo más íntimo.

En cada lengua han cristalizado, a través de frases hechas o de metáforas, determinada manera de pensar, ciertas formas de ver el mundo. Algunas de las preocupaciones fundamentales que nos afectan a los hombres se han expresado en forma de mitos o cuentos. Éstos recogen las grandes experiencias y las aspiraciones de la humanidad a lo largo de los siglos. Algunos de ellos han tenido fortuna, tal vez porque expresan mejor nuestra condición humana y algunas de las más sabias enseñanzas morales. Estos cuentos han corrido en diversas versiones de lengua en lengua. Si hay tantas versiones de los mismos es porque, durante muchos siglos, sobrevivieron de forma oral. La generalización de la lectura con la llegada de la imprenta contribuyó a fijarlos.

Éste es el caso de estos cuentos: *Caperucita Roja,*

La Bella Durmiente y *Cenicienta*, a los que Charles Perrault les dio la forma en la que han cristalizado, y *Blancanieves*, recogido y fijado por los hermanos Grimm. Otros cuentos, como *La Sirenita*, son creaciones de un autor; en este caso el escritor danés Andersen.

Estos cinco cuentos se han convertido en clásicos porque no sólo son bellas historias que nos emocionan sino también porque expresan algunas de las preocupaciones, ilusiones y miedos de todos los seres humanos.

Conociéndolos, los niños se preparan de una forma todavía simbólica para lo que van a tener que afrontar en la vida: desde el desamparo y la llamada a la aventura de salir de casa hasta el misterio y la fuerza de la sexualidad.

Nada mejor que utilizar estos cuentos para acompañar a los hijos en sus primeros pasos como lectores. Podemos animarles a leer en voz alta para que adquieran fluidez, entonación adecuada y seguridad en su expresión oral. También es conveniente leer con ellos. La afición a la lectura es uno de los puntales de la formación continuada, además de una fuente de placer.

Pero, además, no hay mejor forma de penetrar en ellos que utilizarlos para descubrir el lenguaje y para jugar, que es la manera de adquirir conocimientos a estas edades.

Las actividades que se proponen al final de cada cuento aguzan la observación al prestar atención a los diálogos, habitúan a la estructuración de la mente ordenando secuencias narrativas que se presentan ilustradas, enriquecen el vocabulario, fomentan la comprensión lectora, etc., todo de una forma lúdica.

Los padres que hacen este recorrido con sus hijos adquieren una forma de complicidad que les permite mantener con ellos un verdadero diálogo educativo.

Índice

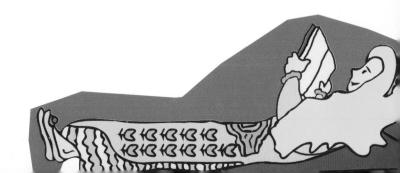